Pierre Musaada Buhendwa Nyamuhara

La voie de la souffrance

Pierre Musaada Buhendwa Nyamuhara

La voie de la souffrance

Éditions Muse

Imprint

Cover image: www.ingimage.com

Publisher:
Éditions Muse
is a trademark of
International Book Market Service Ltd., member of OmniScriptum Publishing Group
17 Meldrum Street, Beau Bassin 71504, Mauritius
Printed at: see last page
ISBN: 978-620-2-29846-9

Avant-propos

Nous sommes sincèrement heureux des encouragements de nos amis et connaissances, nous ne pouvons pas dire que notre existence a une valeur si votre compagnie cesse de se manifester, nous sommes construit avec les discours très encourageants de votre part Nadine Naziyola, tu as été toujours notre lumière, tu nous as permis de croire à nous même à l'ère de désespoir, tu as accepté de faire confiance et nous construire une assurance. Certes, l'avenir est incertain, mais au travers cet œuvre, tu liras toujours ma gratitude.

Nous sommes aussi très heureux de vous citer dans cet œuvre Neema Ngenda, certes, tu ne cesseras jamais de faire notre attention, tu nous as appris, tu nous as poussé toujours de faire plus, nous avons cru et aujourd'hui, nous avons pu faire une petite œuvre, certes, mais nous ne pouvons pas faire passer cette occasion sans faire paraitre ton nom.

Nous sommes aussi avec vous tous les membres de la famille NYAMUHARA, nous trouvons notre chevalier Imani BUHENDWA NYAMUHARA, Lionel NYAMUHARA et les autres qui sont attaché à notre cœur, Inès Mirindi, Laetitia NYAMUHARA et les reines de notre familles, sachez que nous sommes de bâtisseurs et nous devons le faire.

NYAMUHARA Pierre

EPIGRAPHIE

« Je ne savais pas le chemin, je n'avais pas d'yeux pour voir, même mes oreilles ne captaient pas les mouvements, mais j'eus la survie pas par chance mais par conviction »

NYAMUHARA Pierre

La voie de la souffrance

Je cherche le chemin, j'ai pris le stylo, je n'ai pas trouvé la voie, j'ai pris le chemin de la migration ça n'a pas marché, j'ai pris la route du désert et j'ai récolté la honte, j'ai eu qu'humiliation par les pays enseignants les droit de l'homme, j'ai pris le chemin des réfugiés, j'ai vu l'hostilité de ceux qui me chantaient amour, j'ai vu l'angoisse, le désespoir, la torture, je ne savais que chantais le chômage, j'ai cherché le bonheur, je ne savais pas la voie de sortie, je ne savais pas la route à prendre, je ne voyais pas le chemin où passé, je ne savais s'il avait un monde qui m'entendait ma voix, investir dans les emplois réduit la participation de jeune dans le groupe armée, réduit la migration et construit l'harmonie entre la multiplicité de couleur de peau sur notre planète, je ne savais pas faire la musique ni l'art, mais je cherchais toujours à présenter l'image de cette jeunesse qui gémit, elle crie, elle se radicalise, elle crie , elle s'immole, elle se déplace, elle se déplace en Italie, en France, elle se déplace en Amérique, elle prend la route de drogue, elle prend la route de la Syrie, de l'Iraq, elle prend la route de l'Europe, elle se déplace à l'intérieur qu'à l'extérieur.

Chapitre premier : Naitre dans la joie

Je suis né dans la joie, je voyais un monde rose, un monde qui me rassurait, un monde qui ne me faisait que grandir l'espoir, je trouvais l'investissement de mon avenir fleurir, je sautais pour vivre mon espoir, je faisais le miroir de la joie, je trouvais bonheur, je courais de la danse, la joie, la construction de mon espoir, je sautais sur un élan d'avenir, je sentais un espoir assuré, je ne savais pas faire loin de mon espoir, je ne pouvais plus faire que croire à mon avenir, construire une joie sur un avenir meilleur, tout marchais à un avenir assuré, un espoir construit sur de prédiction meilleur, une période où la planification se chantait pour une assurance avenir, une période où les sacrifices d'exiger un monde meilleurs ne se lisait que sur les murs des institutions de la politiques internationales, les supers structures qui ne pouvaient rendre réelle la prédiction, certes croire à l'incertitude, à la démagogie, à la manipulation politique, à la lutte de classe ne pouvait plus faire objet de notre crainte, mais hélas, vivre le concret devait être notre prière, nous inscrire dans le programme normal pour croire faire notre bonheur, nous avons vu nous inscrire dans la scolarité, nous avons pris le temps de faire la formation de base, nous avons fait la formation secondaire et humanitaire, nous avons fait une formation universitaire, nous avons fait ce qui était exigé avec espoir de vivre le bonheur, de vivre notre rêve, mais nous avons vu que nos efforts ne faisaient que mourir, nous avons vu le temps aussi long de notre formation nous rendre vulnérable que plus que ceux dont l'expérience dans la rue, l'expérience dans les métiers faisait vivre.

Notre espoir était construit sur l'agriculture, sur l'exploitation minière, sur la pèche, sur l'art, sur l'artisanat, mais, avec la politique de centres et périphéries, nous avons étaient les laboratoires qui soignaient le chômage des autres pays, ils exportaient les habits, les véhicules, les téléphones, les outils ménagers, les autres produits qui assuraient l'emploi dans les zones où nous ne faisions de réservoirs de matières premières. Les villages pouvaient être brulés pourvu que l'exploitation des minerais qui tourneraient le chômage dans les pays centres, les pays trouvaient aussi une soumission militaire qui dictait l'avenir d'un peuple, nous avons vu disparaitre notre espoir, nous avons vu disparaitre l'espoir de notre nation, les générations naissaient et finissaient dans le désespoir, aucune voie qui assurait encore la survie, aucun chemin qui grandissait, le chômage, le groupe armée, pour manger, les jeunes pouvaient utiliser les armes pour enlever leurs voisins, pour survivre à cette disparition du tissus économiques, la mort de l'appareil de la vie, la disparition du système productif, l'honneur de la vie n'existait pas, la considération sociale disparaissait, les compétences n'étaient plus récompensées, l'existence de la vie n'avait plus raison d'être. Les relations inter familles restaient le chemin de la sortie, les familles se donnaient les luxes de garder la suprématie, la garantie de faire naitre l'assurance qui donne une famille de régner sur l'ensemble de la population, une domination par idéologie, par les alliances des intérêts en sacrifiant la majorité, vivre la joie de la souffrance des autres.

La construction de l'avenir faisait disparaitre l'espoir, le chemin de la vie n'était plus sur l'espoir, les systèmes disparaissaient, le savoir-faire n'était plus achetable, la demande de l'emploi sur le marché, les marchés informelles gagnaient le terrain, le système disparaissait, la cumulation de diplôme n'assurait plus la vie, nous avons vu disparaitre toutes les valeurs sociales, dans ces marché informels, la vente illicites, la vente des enfants mineurs, la ventes de sexe dans la rue, la vente des produits illicites, l'exploitation sexuelles des filles ayant moins de seize ans, l'exploitations des drogues, la disparition de la conscience sociale qui construisait la société, la mort de la considération sociale, les familles qui assuraient la base éducationnelle, la famille disparaissait, les parents l'un pouvait sortir et faire six mois dans un site de travail sans connaitre sa famille, l'immoralité s'instaurait, la distance et la lourdeur de la vie faisait disparaitre la valeur de la famille, la course à la valeur richesse ne tenait plus compte de la valeur humaine, chacun voulait avoir les valeurs économiques et changer sa strate, construire une considération, se faire une valeur dans la zone de sa résidence, pour avoir une valeur, une considération, il faut disposer d'un patrimoine, la considération dépendait du patrimoine. La notabilité dépendait du patrimoine que vous disposait, la considération sociale dépendait de la valeur richesse dont les personnes disposaient, la salutation dans la rue reposait sur la considération patrimoniale, la considération de la valeur sociale, de l'honnêteté disparaissait, la joie sociale ne se trouvaient plus sur le chemin de la construction, seulement l'avoir restait donc le chemin de l'honneur.

La recherche de la richesse, la course à la considération sociale, chacun voulait améliorer sa strate, chacun voulait avoir une maison d'habitation normale, la valeur de chacun dépendait de la disparité de la considération morale, de l'éthique, la corruption, les détournements, arrivée à la gestion de la chose publique, il faut faire manger tous les membres de sa famille, l'accès à la gestion de l'Etat rendait les familles nobles, les maisons et autres biens de l'Etat devenaient aux gestionnaires de l'Etat. La construction d'un espoir de s'en sortir disparaissait, les individus prenaient les armes pour accéder à la gestion de l'Etat, pour sortir d'une strate à une autre, il fallait accepter de faire disparaitre les amis, les voisins et autres proches pour raison de construire sa strate.

Plusieurs leaders ont vendu les sangs, les organes sexuels pour les communautés, du gain de ces crimes, ils ont construit les hôpitaux, les écoles, les entreprises agro-pastorales, ces entreprises ont donné des emplois pour certains jeunes, leurs crimes ne font plus échos, les autres disent qu'ils sont leaders exemplaires parce qu'ils construisent les centres sportifs, les terrains de football qu'ils ont construit afin de réduire l'horreur de leurs crimes. La construction d'une confiance sociale, ils dotent leurs fils l'image de la considération, l'image de l'impérium, ils fondent l'héritage à leurs fils, ils deviennent leaders à la succession de leurs pères, le pouvoir reste dans la main de ces familles qui ont accepté de vendre l'immoralité, la drogue, la vente des biens de l'Etat.

La disparition de la valeur Etatique ne se faisait plus, la valeur de l'image morale disparaissait, la considération sociale restait la détermination sociale de chacun, la place de l'éthique était une histoire, les alliances se construisaient à raison de patrimoines, la construction d'amitié se faisait sur le patrimoine, sur la construction de biens économiques dont on dispose, les valeurs d'êtres disparaissaient, les valeurs sociales ne couvraient plus sa valeurs. Les business qui ne respectaient pas les normes sur les conventions nourrissaient ces clans, les richesses du sang se construisaient, les maisons construites par ces sangs étaient logés par les structures de nations unis, ce qui rendaient ces trafics de drogues, ces trafics de sexes, ces locations les rendaient d'avantages riches pour d'autant qu'ils prenaient la suprématie de la vie sociale, ces gens devenaient les décideurs de la vie de l'entité.

La vie ne restait que sur la course à la survie, chacun construisait son cartel, le cartel dans les chanvres, les cartels dans les ventes illicites de minerais, les cartels dans les importations de produits illicites, les cartels dans la prostitution, les filles étaient importés pour vendre le sexe, les vendeurs de ces produits illicites construisaient de bistrons pour blanchir leurs argents, ils construisaient des immeubles, ils investissaient dans les transports, ils construisaient les bateaux, ils construisaient les réseaux de transports qui les rendaient riches.

Chacun cherchait le chemin lui rendant riche, chacun cherchait la voie pour changer sa strate et construire une nouvelle image pour lui et pour sa famille. La manière d'être de chacun de ces groupes séduisait chaque jeune, nous avons-nous cru au chemin de l'école, nous avons cru investir dans l'honneur, dans la légalité pour construire une confiance à notre famille, à notre cercle, avons cru qu'à raison de cet investissement, nous allons changer notre strate et séduire à raison de la considération du rendement de notre travail, nous avons fait de voyages pour assurer d'avantage notre performance, nous avons construit des nouvelles théories de productions, nous avons vulgariser la théorie des stars tops, nous avons sensibiliser pour les petites et moyennes entreprises, mais l'obstacle l'accès au capital, nous avons perdu la confiance car nos titres scolaires n'assuraient pas une garantie crédits, il fallait faire plus pour la survie. la loi de la survie s'imposait, le particularisme prenait grandement le terrain, la destruction de la valeur humaine couvrait l'ensemble de l'aire de la vie, la capacité de la survie était attachée à la volonté de savoir faire disparaitre tes amis pour garantir ta valeur sur l'ensemble de l'aire de la société, la confiance n'existait plus, les valeurs de la compétence disparaissaient avec l'égoïsme, la suprématie que certains dans tous les secteurs imposaient pour maintenir l'image qu'ils possédaient, il voulait toujours faire naitre les méthodes d'imposer le rythme de la soumission aux autres.

La confiance pour sortir dans notre trou s'éloignait, nous avons vu que tout le monde qui trouvait un emploi, son rendement n'assurait même pas la survie de sa famille, le travail ne payait plus, les entreprises qui pouvaient prendre la main d'œuvre fermait raison d'une conjoncture économique aussi dur, mais hélas, les produits agricoles étaient embarqués pour connaitre la transformation en habillement dans les zones où la main d'œuvre était considéré, nous ne faisions que croire à la malédiction, nous avons vu aussi les minerais s'embarquaient pour donner l'emploi ailleurs, alors que le chômage était notre mode de vie, nous avons vu les jeunes prendre le chemin de l'église pour se délivrer du démon du chômage, les autres créèrent leurs églises pour faire la prophétie de la bénédiction aux autres, nous avons vu la loi de l'effort disparaitre, les autres dansaient pour les hommes qui ont construit les cartels de la guerre, les cartels de commerce illicite pour profiter de leurs personnalités afin d'obtenir un poste de gestion dans la chose publique, les autres dansaient avec les effigies des pillards pour rendre célèbres leurs noms et devenir leurs disciples, l'adhésion à un courant ne dépendait plus de la conviction idéologique, mais d'un espoir d'obtenir le chemin de sa survie, une chance de trouver la survie sur un environnement de chao, un environnement dont les individus avaient le pouvoir de sceller la vie d' autres.

La confiance de soi disparaissait, la liberté n'était qu'une chanson, le sort d'un peuple était scellé d'avance, les évènements politiques se tenaient, mais la disparition se trouvait sur les visages de la génération qui a cru à l'évènement, le désespoir prenait sa force, le radicalisme se plantait, chacun voulait toujours changer sa position, construire une valeurs à ses siens, donner une image strate à sa famille, hélas, le chemin était aussi compliqué, mais comment faire pour assurer, il fallait donc prendre les risques, construire son chemin, les personnes de ma cohorte n'avaient pas à perdre, ils pouvaient prendre le chemin de la migration, le chemin de commerce illicite, des esclaves sexuels, le chemin de la vente de drogue, le chemin de la vente illicite de minerais, le chemin de la vente des bois et autres produits dont les moyens pouvaient les permettre la survie et de changer leurs strate.

Prendre le chemin de l'emploi restait le souci pour chacun, il s'agit de la lutte de chaque jour que la génération de mon existence, la construction des stratégies de faire naitre sa confiance, construire son avenir, penser à changer son existence, construire son avenir pour que la considération sociale s'établisse, la construction de son être, la mise sur pied de manœuvre de l'autonomie. Dans cette lutte, le choix de l'activité était moins considéré, plutôt son rendement, aussi la moralité de l'activité était aussi moins considérée, il s'agit seulement du gain qu'on peut tirer de l'activité, chacun cherchait le chemin de sa sortie, la voix de sa construction, le chemin de sa vision pour changer la position sociale qu'il occupait, la route dans l'informel s'accentuait, l'absence aussi des structures Etatiques efficaces étaient une impulsion de ces activités illicites qui permettaient la naissance d'une classe moyenne, une classe de personnes qui ont fait les études mais qui trouvaient que les études ne payaient pas, mais plutôt un chemin de construire d'autres alternatives qui apportent solution malgré les effets illicites et immorales que ces activités présentaient sur les personnes qui les effectuaient sur plusieurs pays et sur plusieurs réseaux formés par les jeunes ayant fini des formations classiques mais qui n'ont pas trouvés l'emplois dans le processus à cause d'un déséquilibre du marché d'emploi qui existait sur l'ensemble de la sous-région.

Plusieurs réseaux se fabriquaient, les uns dans les fraudes et vols, les autres dans les drogues, les autres se spécialisaient dans les trafics des armes, dans les groupes militaires, les autres se constituaient dans les ventes des personnes et la migration, plusieurs réseaux qui permettaient que les personnes aient des moyens de survies, maintenant chacun cherchait un coach pouvant lui permettre à intégrer un réseau pour la substitution de sa formation qui n'a pas trouvé du travail avec une activité aussi informelle payable au salaire de la survie et du bien-être de la considération sociale.

La construction de son avenir disait accepter de prendre tous les risques possibles, construire une assurance pour soit se prendre la décision de se baptiser dans n'importe que bastions, d'accepter à prendre la décision de faire privilèges de l'avantage économique, de faire naitre la capacité de faire tout pour sa considération sociale, prendre le chemin du désert, prendre le chemin de l'océan avec les pieds pour survivre, construire la capacité de faire naitre prévaloir sa survie aux détriment de tout le monde, la vulgarisation de l'égoïsme et la mort de l'intérêt du prochain. La valeur commune ne se prêchait plus, la considération de la société disparaissait, l'avantage personnel était les nouvelles valeurs que le monde vacciner à ses enfants, chacun voulait faire croire aux autres sa suprématie.

L'espoir de se construire n'était plus donné à tout le monde, il existait déjà les personnes dont leurs avenirs étaient scellés avant même la naissance, la chance de manger était réservée seulement à une catégorie de la population au monde, alors que notre univers nous donnait les atouts de vivre tous, de manger tous, de boire tout, les autres ont développés le courant de faire mourir leurs concitoyens de la faim, du soif, ils voulaient les voir marcher nus pour qu'ils glorifient leurs suprématies pour qu'ils montrent la forces qu'ils disposent, mais grandement les inégalités ne faisaient que croitre l'horreur, le terrorisme, le radicalisme et la disparition de l'ensemble. la construction de l'avenir dépendait donc des concessions que nous pourrions faire aujourd'hui pour espérer demain, nous ne pouvons croire que faire les avancées envers le changement viendront des cantiques, ni de l'évangile, mais plutôt de nous assumer et faire naitre l'esprit de changement en reconnaissant notre décision d'hier qui nous amener vers la mort.

Chapitre deuxième : La route de la survie

Nous avons suivi la voie de l'honneur, le chemin de la formation classique, déception à la sortie, nous ne pourrions pas trouver un travail rémunéré, nous ne pourrions pas trouvé le moyen pour survivre, nous ne pourrions pas trouvé comment faire notre bien-être, nous ne pourrions pas assuré la modification de notre strate, ce qui était la lutte pour chacun, donner une nouvelle image à sa famille en leur accordant l'habitation, le moyen de survie, la construction de la confiance et assurer d'une manière continue la scolarisation d'autres membres de la famille, il s'agit de rembourser la dette de sa formation. Nous avons vu répondre à toutes les annonces d'emplois qui paraissaient sur la place publique, ces annonces du secteur public que privé n'étaient que de formalité pour dire au monde que les emplois existaient encore, mais hélas, seulement les noms avec les recommandations politiques ou les familles qui avaient les moyens pour acheter une places d'emploi à ses fils ou filles pouvaient trouver un emploi.

Il existait des régies financiers de l'Etat où les annonces d'emploi ne se faisaient plus, le public constatait seulement les fils et filles aux pères qui se succédaient malgré l'incompétence et l'incompatibilité de leurs formations, le rendement de ces régies faisaient témoignages, mais hélas, la voie de sortie semblait difficile donc à nous qui avons investi notre confiance dans la formation, nous avons sacrifié nos habitations que nos parents avez vendu pour nous assurer l'éducation, il fallait donc oublier notre survie, nous nous sommes retrouvés dans la rue après la formation, n'ayant pas l'emploi, nous ne pourrions pas nous payer le loyer pour vivre.

Nous avons pris la décision de construire un cartel de migration, prendre le chemin de l'étranger pour trouver la solution à l'étranger, nous avons fait les tentatives d'aller en Afrique du Sud, il s'agit de prendre la route de Burundi, Tanzanie, Zimbabwe, puis en Afrique du Sud, notre objectif de faire aider plusieurs jeunes qui étaient aussi en difficulté de quitter le pays, il faut qu'ils payent au moins un montant de mille dollars pour lui donner les numéros de nos contacts qui vont lui permettre de passer d'une manière clandestine pour arriver en Afrique du Sud, arrivée en Afrique du Sud, il va se prendre en charge, notre convention prend fin des lors qu'il est arrivé en Afrique du Sud.

Nous avons fait plusieurs fois ainsi, un nombre de jeune qualifié et non qualifié avaient pris cette route, nous avons vu plusieurs mourir dont leurs familles ne savaient pas qu'ils étaient morts, ils avaient espoir qu'ils vivaient encore, mais hélas, ils avaient été tués sur la route de la fuite du chômage, de la fuite de misère, de la fuite de la pauvreté, ces jeunes cherchaient à changer la strate de leurs familles, ils cherchaient les bonheurs pour eux et pour leurs familles, mais du fait qu'ils ne pouvaient pas trouver bonheur dans leurs pays d'origines, ils voyageaient dans les océans à pieds à la recherche de la survie.

Arrivée, la tranche qui ne trouvait pas la mort sur la route, ils se heurtaient à la colère des autochtones qui voyaient leurs emplois menacés, les qualifiés certains s'intégraient dans le système, les moins qualifiés se trouvaient dans la bandes de travaux de fortunes, les gardiennages, les mines, les ventes de drogues, les autres prirent même l'alliances avec les groupes de criminels, dans cette diversification, si l'un de ceux qui sont arrivés parvient à acheter une maison d'habitation à sa famille au pays, nous trouvons une motivation pour d'autres familles qui encourageaient les leurs pour aller aussi nous contacter, mais les risques qui entouraient le chemin, notre conscience saignait mais il fallait trouver aussi notre survie, nous avons encourager d'autres pour aller, cette activité aussi illicite, qui conduisait nos frères directement à la mort, nous a permis de survivre pour un temps, jusqu'à l'explosion de l'économie d'Afrique du Sud.

Une nouvelle route s'est dessiné, une route d'aller dans les camps de refugié pour aller dans les pays développés, il fallait faire un réseau qui nous permet de collaborer avec les agents de sélection de réfugiés qui sont admis, nous avons appelé les familles à vendre leurs maisons pour payer les cautions qui pouvaient atteindre même cent mille dollars pour immigrer, un pourcentage de cinquante pourcent nous revenait, mais ces familles arrivées à la destinations, les uns réussissaient, les autres tombaient dans l'impossibilité, mais ce trafic qui étaient aussi très risqués demandaient aussi plus d'effort et le risque d'être obligé à tout rembourser si l'opération échouait, alors la responsabilité de payer pour les agents qui étaient dans plusieurs pays recevaient afin de faciliter l'opération.

La construction de cette route voyait les familles entières sortir au pays pour aller rester dans le camp de réfugiés pour attendre une opportunité de migration, aucun espoir qui se construisait encore au pays, le système se détruisait chaque jour. Ces familles acceptaient de tout rompre, de tout rependre afin de quitter le pays car aucun avenir s'y dessiner encore, aucune personne active qui pouvait encore y faire espoir, il fallait donc prendre la décision de sortir afin d'aller chercher la solution ailleurs, de construire un avenir, les familles nobles envoyaient les leurs à l'étranger, car ni la formation, ni l'éducation n'assurait plus au pays, donc pour même les entreprises, la confiance se faisait dans les formations de l'étranger que la formation à l'intérieur.

Notre réseau ainsi obtenait l'ampleur, nous organisions de voyager du nord au centre, du sud au centre, le réseau disposait de représentation dans tous les pays d'Afrique, on organisait les voyages pour les jeunes femmes qui allaient faire la prostitution en Asie, en Amérique Latine, nous organisions même la transaction des hommes qui allaient marier les femmes blanches veuves avec une fortune, nous vivions de commissions, nous organisons de trafic d'être humain dans chaque pays du monde, nous nous organisons pour avoir de réseaux dans chaque pays pour avoir des informations à temps réel, ce qui nous permettait de répondre à des besoins, nous organisions de cargaisons d'enfants qui seraient adoptés par les familles à l'étranger, les autres enfants qui étaient destinés à des expériences de laboratoires, nous avons construits de fortunes dans ces réseaux, mais à chaque instant, ce patrimoine se fondrait à la minute où il avait des poursuites qui nous amenaient en justice pour une raison, il fallait acheter la conscience des magistrats et les autres auxiliaires de la justices pour bruler les preuves qui pouvaient faire tomber le réseau, ce qui faisait que ce patrimoine n'assurait pas, il fallait faire face donc à des éventualités qui entouraient ces réseaux pour sa pérennité.

Pour ce réseau, on ne pouvait pas savoir les personnes impliquées, chaque réseau était représenté par un courtier, ces courtiers avaient un rôle d'embarqué les marchandises, sans qu'ils sachent les lieux de la destinations, ces embarcations pouvaient être changer en plein océan pour perdre la trace des agents de la sécurité, l'argent de paie pouvaient venir en liquidité sans passer par une banque, cette situation permettait la réduction de risque pour les personnes qui étaient impliquées, les personnes qui se trouvaient dans le réseau occupaient aussi les fonctions de l'Etat, ils facilitaient la transaction pour les services de contrôle, ce qui facilitait le réseau, pour la répartition du gain, le versement se faisait par des identités qui n'étaient pas connu ou les transferts mobiles qui n'assuraient pas l'identité des personnes qui ont fait un transfert, ce qui laissait la perte totale de la traçabilité de ce réseau.

Nous avons construit une boucherie qui permettait la transaction entre le monde de personnes humaines, les esclaves sexuels, les autres utilisées dans les autres besoins, notre objectif était de trouver le moyen de répondre à nos besoins de la vie et changer notre strate, malheureusement dans ce réseau, si moindre doute pèse sur toi que tu risques de trahir le réseau, l'espérance de vie à ce niveau n'était pas même d'une semaine, on pourrait se voir être assassiné sur la route durant la journée, ce qui était un aléas à gérer par chacun qui était dans les personnes qui était dans le réseau, il fallait contrôler les personnes à fréquenter, parler moins, savoir les personnes avec qui s'assoir, trouver les mesures de contrôle, mais le risque était toujours permanent, certaines personnes avec qui on travaillaient pouvaient vouloir te liquider pour prendre ta position, il fallait donc masquer sa position, il fallait toujours construire son cercle, toujours être aux avant-garde, il fallait toujours douter de tout le monde, il fallait faire sortir à chaque instant une nouvelle stratégies de la survie, ce qui permet la construction des nouvelles capacités de sécurité.

Il fallait donc faire face à ces risques pour contrôler son cercle de collaboration, on disposait des identités aussi multiples de sorte que l'identité de trafic ne pouvait pas figurer sur la vie courante, plusieurs de nos collaborateurs pouvaient parler de notre identité de trafic pour savoir de qui appartient le nom de Gramar sur lequel, nous exercions notre trafic, nous répondions tous toujours que nous pouvons vouloir connaitre la personne de ce Gramar, mais plus que ce nom pouvait être prononcé dans la rue, plus nous pourrions nous interroger de la confidence encore de l'identité, à ce stade, on pouvait faire utiliser une autre identité, soit de Lanister, ce qui pouvait faire encore changer la recherche et gagner encore le temps pour écarter le danger.

Dans ce camouflage continue, nous avons compris le danger de l'activité, mais faute d'autres source pouvant nous assurer la survie, nous avons toujours pris le risque de construire notre trafic, nous avons ainsi pris le temps de construire le blanchissement de nos ressources de ces trafics, nous avons construit des bars, des buvettes, nous avons construit les activités parallèles afin de rendre nos ressources propres le plus possibles. Nous avons pu construire des unités d'activités pour construire un réseau de rendre formel nos revenu pour les mettre dans les institutions financières, nous avons fait un réseau des emprunteurs informels, qui en suite nous remboursent dans le système financier pour rendre nos ressources légales, nous avons construit plusieurs activités auxiliaires, mais nous sommes toujours restés fragiles car nous n'avons pas pu obtenir les moyens de nous permettre à construire un patrimoine qui nous garantit de sortir dans notre strate, de nous permettre à construire une nouvelle identité, nous permettre à construire une nouvelle image de notre strate et donner la vie à notre entourage.

La construction de réseau de faire d'autres activités qui pouvaient payer plus étaient la raison de notre construction, faire de sorte que d'autres contacts puissent s'ajouter sur notre réseau, ce qui a donné plus de réseau pour un revenu de plus, faire de sorte que la construction de nouvelles activités, raison de faire de sorte que les activités soient plus multiples, de manière à faire de sorte que ma strate change, faire de sorte que ma position change, mon désespoir sur mon investissement diplôme se construit toujours à chaque instant de la transaction, de sorte que je trouve un autre chemin pour construire l'avenir de mon entourage, de construire une nouvelle image de ma famille et celle de mon entourage.

Il fallait donc construire d'autres imaginations trafics sur la vie, construire d'autres facteurs qui permettent la multiplication de revenu, construire d'autres relations qui pouvaient permettre à construire un avenir pour la vie et la famille, il fallait construire des nouvelles bases qui permettent de dupliquer l'argent, construire des nouveaux réseaux pour avoir un nouveau revenu, pour faire de sorte que je sorte de ma strate, naitre de sandre pour faire de sorte que mon image prenne sa forme, construire la voie de la survie et donne une assurance à mon avenir.

Il s'agit de faire de nouvelles destinations pour l'avenir, construire une nouvelle philosophie de la vie et trouver la solution de sortir de mon profond troue, de construire le ponceau pour mon sphère et le sphère du bonheur, trouver la possibilité de répondre aux besoins de manger, aux besoins de logement, aux besoins de soins de santé, trouver la capacité de répondre aux besoins de l'habillement et construire son honneur et l'honneur de sa famille serait la motivation des activités qu'il fallait faire pour survivre.

Chapitre troisième : la route de la drogue

Je ne trouvais pas satisfaction dans le trafic de la migration, la route qui faisait voyageait les personnes dans plusieurs continents, la cargaison des personnes, la combinaison qui permettait faire la vie dans tous les sens, les uns dans le sexe, les autres qui voyageaient pour trouver du travail dans tous les domaines, les autres trouvaient comment s'intégrer dans la vie professionnelle à l'étranger, nous avons été vu comme étant l'organisation qu'il fallait à tout prix faire mourir, nous avons vu la plus part de nos compositions disparaitre, les gouvernements recevaient de fonds pour combattre la migration, alors que la population qui migrait ne faisait que fuir la souffrance, la misère, la pauvreté, au lieu que ces gouvernements trouvent les moyens de réduire la pauvreté de ces populations, ces gouvernements faisaient des alliances avec les individus présidents pour stopper la migration, mais ces mêmes individus qui recevaient ces fonds de gouvernements étaient les auteurs de la souffrances, de la misère de ces peuples qui étaient à la recherche de la survie à cause de ces dirigeants qui gouvernaient et qui causent la souffrance de ce peuple, jusqu'à causer la migration.

Il fallait faire la route de drogue pour survivre, il fallait trouver les connexions pour faire le trafic du drogue, faire de sorte que l'absence de la liquidité cesse dans ma famille, la souffrance qui entourait notre famille, notre strate et construire une nouvelle capacité de sortir de notre cercle, faire de manière à construire une nouvelle confiance, il s'agit donc de faire la construction d'un trafic de drogue, car le trafic de drogue avait plus de demande aussi, on pouvait mettre sur action les intermédiaires et réduire le risque d'être identifié, ce qui garantissait notre sécurité, il fallait donc avoir des personnes confiantes, construire le réseau qui permet la liaison entre l'Amérique, l'Afrique, l'Asie et l'Europe.

Il s'agit d'un empire aussi coordonné, qui repose sur les personnes à identifier, les nettoyeurs qui peuvent faire tuer les éléments qui sont moins crédibles, qui s'observent habiles et qui ne sont plus crédibles à la cause, de cette situation, il faudrait donc construire un réseau, qui dispose des liaisons dans tous les secteurs, l'import et export, le sport, la police dans chaque pays, l'armée, les administratifs, les responsables politiques, bref, construire les alliances pour permettre le trafic sans risque de trouver les obstacles, il fallait donc les alliances, construire les réseaux de l'Amérique qui se charge de livrer les produits jusqu'en Afrique du Sud, le réseau de l'Afrique du Sud prend la charge de distribuer à l'Australie, en Afrique centrale, en Afrique de l'Ouest, en Afrique de l'Est. Ces réseaux aussi prendrons la charge de distribuer dans les réseaux locaux, les réseaux de l'Asie, de l'Europe et autres distributeurs.

La distribution se faisait dans les produits soient agricoles, les produits manufacturés, les produits électroménagers, les équipes des footballs aussi nous facilitaient, les ballons, les souliers des joueurs, les musiciens, les délégations diplomatiques, le réseau répondaient et la livraison se faisait seulement en faisant arrivée les produits sur les territoires, un autre réseau national de chaque territoire prend le relève, ce qui permettait que l'identification de livreur soit aussi difficile, l'empire s'est construit grandement pour permettre la construction de l'empire et la fabrication de la richesse dont chacun obtenait sa part, ce trafic pouvait faire générer plus de vingt milliards de dollars par mois, ce qui permettait que dans la transaction, chaque réseau qui aurait réussi son rôle obtenait environ dix millions de dollars chaque mois.

Dans ce trafic, la discrétion était d'une valeur, si un acteur trouve que sa liberté a été menacée pour raison d'un autre acteur au risque de se faire démasquer, le rôle de nettoyeurs, il fallait à tout prix faire disparaitre l'élément qui aurait causé le risque et toutes les personnes avec qui il a été en contact, ce qui permet la reconstruction de la confiance des acteurs, donc la prudence était aussi demandé aux acteurs, mais aussi le réseau était fragmenté de sorte que certaines catégories ne pouvaient pas connaitre les combinaisons pour les personnes qui sont impliquées, donc il arrivait qu'à un niveau, on dépose le produit avec la voiture dans une maison, puis les autres personnes dans l'enclos déchargent dans plusieurs petit cargaisons les produits et aussi déposer les produits dans les autres destinations où un autre réseau va prendre relève, ce qui donnait à ce réseau son efficacité et sa pertinence, pour arriver à la chaine de commande, plusieurs acteurs ne savaient pas la chaine de commande, un acteurs pouvaient passer plus de dix ans dans le réseaux sans qu'il ait connaissance de la chaine de commandement, chercher à connaitre la chaine de commandement conduisait à la mort.

Le réseau se construisait, le réseau se faisait au niveau local, ces réseaux locaux fournissaient les bars, les buvettes, les autres consommateurs clandestins qui pouvaient assurer la rentabilisation du trafic, les bordelles et autres consommateurs qui avaient des livreurs qui faisaient toujours les détails n'étaient pas inclus dans le réseau, ils achetaient leurs cargaisons chez un grossiste, ce grossiste lui étaient dans le réseau, mais la livraison se faisait toujours par des tierces personnes qui n'étaient pas dans le réseau, l'argent versé sur le compte du grossiste livreurs locales, la quantité est livrée chez la personne concernée par des tierces personnes. Ces personnes qui livraient obtenaient aussi une commission de livraison, ce qui permettait l'efficacité du trafic.

Le trafic de Kigoma s'est construit qui était chargé de livrer dans le Burundi, la ville de Bukavu, la ville d'uvira, la ville de Cangugu au Rwanda et d'autres territoires autours de ces villes. Ce réseau était alimenté avec le réseau de mombassa, ce réseau était important car jouait même le rôle de la conjonction avec l'Ouganda, ce qui permettait une construction croissante du trafic, ce réseau s'élargissait avec le réseau de Bunagana qui alimentait la ville de Goma, Beni, la ville Kisenyi au Rwanda, la connexion se faisait avec kisangani et le soudan du Sud vers Aru, ce le réseau qui alimentait même l'Ethiopie et la somalie.

En plus de ce réseau, le réseau de Luanda qui alimentait le kasai, kinshasa en partie et les deux Congo, ce réseau était moins important car n'était pas docile au réseau de la concurrence de la direction qu'il voulait toujours prendre, il s'agissait d'un réseau dont son importance de rentabilité était très élevé, mais qui avait beaucoup de problème de gestion, il fallait trouver donc les mesures de gestions de la crise dans ce réseau qui ne cessait de prendre l'argent et le risque, ce qui pouvait permettre donc la mort du réseau dans son ensemble, il fallait faire donc une prudence avec ce réseau, mais le problème le plus grave de ce réseau aussi était plus complexe que son contrôle posait un problème, ce qui rendait l'attention de tous les acteurs du commandement, ce qui réduisait donc les manœuvres d'actions, il fallait faire de sorte que le contrôle de ce réseau reste aussi efficace et discret de plus.

Le trafic de tous les réseaux avait comme devoir de faire face à des contraintes des risques pouvant empêcher le réseau de survivre, construire la sécurité pour tous les trafics, faire naitre la sécurité de son réseau, connaitre les causes et les signaler qui peuvent nuire au trafic, raison de faire le trafic avec la prudence, la sécurité donc du trafic était la responsabilité de l'ensemble du réseau. La construction de la cellule de renseignement se faisait par les acteurs fiables qui composaient les personnes du trafic, ils anticipaient tous les risques qui pouvaient mettre en cause la sécurité du trafic et la construction de la pérennité du trafic et par conséquent les nettoyeurs agissaient pour réduire le risque de compromission du trafic. Cette stratégie était la plus secrète du réseau, seulement les personnes au commandement qui pouvaient savoir le rapport de la commission de renseignement, les personnes qui étaient dans cette commission étaient sous la discrétion totale, elle ne pouvait pas être identifié, elle répondait à un besoin urgent du trafic.

Le trafic s'agrandissait, mais aussi les conflits s'agrandissaient dans le réseau, les acteurs étaient en conflit de sorte qu'on pouvait plus savoir contrôler et assurer la sécurité des acteurs nœuds du réseau, il s'observait déjà un risque sur l'ensemble du trafic et au pire, la crainte de la mort de l'ensemble du réseau et la destruction totale de la famille qui composait le réseau, la stratégie de savoir identifier le risque ne réussissait plus, il fallait donc comprendre les risques qui envelopper le réseau et savoir envisager les voies de la sécurisations, mais hélas, les carnages pouvaient se produire dans un nœud, sans qu'on sache la cause, alors qu'il s'agit d'un mécontentement d'un groupe de distributeurs qui trouvaient que l'équipe de nœud minorait son intérêt, le réseau se construisait sur un esprit de gain, un mali pour un nœud, un carnage qui pouvait compensait ce mali, donc la survie de chaque acteur reposait sur le respect du contrat pour toujours, ce qui rendait plus risqué le réseau car on ne pouvait tout assuré et on ne pouvait pas tout satisfaire, alors, chaque nœud se procurait des armes pour assurer son business, la livraison s'accompagnait par les armes, il s'agit d'une fabrication de gangs qui ne pouvaient régler tout qu'avec les armes, ils savaient que la survie de leurs familles reposait sur ce trafic, l'honneur, la capacité de faire et la construction de leurs survies reposait sur ces armes et le trafic.

Les Gangs pouvaient faire taire toute un groupe qui s'oppose à leurs politiques de business, ils pouvaient aussi faire disparaitre la concurrence pour garder le monopole, ils gardaient toujours le contrôle de ceux qui se disait dans les distributeurs de leur nœud, chaque nœud se construisait ainsi pour garder le contrôle de son territoire de vente, garder l'œil sur les intérêts, alors, ces groupes pouvaient faire une irruption des armes pour un conflit entre deux quartiers, chaque jeune de chaque territoire se sentait obliger de faire adhésion au groupe du quartier, qu'il soit "dilleur " ou pas, ce qui faisait que même un conflit d'amour avec deux jeunes de deux territoires différents finissaient avec les armes.

Alors, il se trouvait donc que la vente de drogue doit s'accompagner avec le trafic des armes pour sécuriser le trafic et assurer aussi le gain sur le besoin qui se trouvait sur le marché de tous les trafiquants de ce secteur, alors il fallait penser à comment aussi intégrer le trafic des armes et faire un approvisionnement aux acteurs du réseau, mais il fallait un réseau parallèle qui assure donc le contrôle, ainsi, les grandes maisons qui nous achetaient les drogues ont été intéressées pour la question des armes, alors ils nous disaient même que nous pouvons élargir la transactions aux groupes militaires pour faire plus de profit, ce qui nous permettrait d'améliorer notre situation de vie et faire une amélioration de notre strate et assurer notre avenir.

Une étude donc devrait se faire pour comprendre la stratégie à faire, construire la confiance et faire de sorte que nous ayons les groupes de transactions, construire donc un réseau pouvant nous permettre à vendre et à faire un approvisionnement aux autres qui auraient besoins avant de construire la relation avec les groupes militaires, ces groupes militaires aussi qui achetaient nos produits de drogue et qui trouvaient aussi besoin de nous faire une proposition d'acheter les armes.

La construction d'un réseau de trafic d'arme s'organisa, il fallait donc construire les stratégies qui doivent permettre donc la capacité de faire naitre un réseau de livraison, un réseau d'acquisition et une capacité de conservation, mais donc le trafic de drogue restait donc la source de contact pour la vente que pour l'approvisionnement, le trafic donc reposait sur le marché du drogue et la possibilité de savoir-faire un réseau parallèle pour parvenir à la transaction de ce trafic. La survie des jeunes qui avaient étudié mais qui ne trouvaient les emplois classiques, qui ne savaient pas répondre aux besoins de la vie conduisait à la migration, le trafic de drogue, le trafic des armes, mais ces risques étaient calculés pour qu'ils soient acceptés contre les risques d'être vulnérables dans la rue avec son diplôme et voir la mort d'impuissance de sa famille et ses proches.

La capacité de se faire valoir reposait sur l'intégration du réseau et faire preuve de ses compétences pour assurer la survie et construire l'avenir de sa strate et sa famille, la volonté d'intégrer le réseau du trafic pour résoudre les problèmes de la survie, amélioré sa situation, la situation de sa famille et se construire un honneur autour de lui, il trouve la capacité de résoudre les problèmes de l'accès aux moyens économiques, ces capacités permettent sa considérations dans la société, sa considération et sortir dans les familles des rejetés pour faire partie de la classe considérée, ce qui lui donne la chance aussi de construire l'honneur, la considération sociale et faire aussi partie des classes de décideurs pour l'avenir de sa famille.

Pour y arriver, il faut faire preuve de son application dans l'intégration du réseau qui restait le seul chemin pouvant permettre à traverser les circonstances d'exclusions que la société aurait déjà créé, les exclusions que les règles d'accès à la richesse donnaient déjà, les particularisations de l'accès à la richesse, la capacitation de faire preuve de la survie ne se concrétisait plus avec la volonté de l'effort, la construction de l'avenir ne dépendait plus ni de la scolarité, ni de la formation, ni de l'école fréquentée mais plutôt de la relation inter famille et de la considération du patrimoine économique dont la familles dispose pour se prévaloir dans sa strate.

Chapitre quatrième : le trafic d'armes et le camouflage

Pour construire notre capacité de production et améliorer notre strate opérationnelle, nous avons joint l'opération du trafic de drogue au trafic des armes, il fallait donc améliorer nos coopérations avec les industries d'armes qui pouvaient vouloir maintenir les chaos pour trouver les marchés des armes, nous avons fait des réseaux qui permettent que les armes circulent, les organisations non gouvernementales qui trouvaient que pour permettre la durabilité de leurs missions, il fallait un chaos dans les pays vulnérables aussi facilitaient la transactions de nos armes, mais le risques étaient aussi élevé car ses structures de l'ONU ne pouvait pas vouloir que les personnes ayant connus leurs implications dans les armes de réussir pour raison de vouloir garder toujours leurs images d'innocent, des constructeurs de la paix, des pièces de la paix, alors qu'elles étaient des vecteurs de la destructions de la paix, les vecteurs qui empêche la stabilité et la paix au monde, il fallait donc faire prudence pour survivre à cette action, faire de sorte que la construction du trafic ne puisse pas afficher notre image, un réseau eut, la chaine pouvait se faire des individus qui n'étaient pas connu et qui vivaient comme de l'ombre pour faire face à ces risques de la mort, faire le camouflage pour que lorsque ça va bruiter, que nous ne soyons pas concerné, faire de sorte que la construction d'un paquetages pouvant permettre notre disparition, cette situation peint la capacité de construire la mobilisation des acteurs pouvant permettre ce camouflage de prendre la mobilisation de notre sortie pour que nous ne soyons pas tremper dans les risques de la mort que ce trafic pouvait faire sortir dans l'avenir.

Construire une capacité d'attraction qui peut permettre la protection de nos sources d'approvisionnements soient sécurisées, disposez des agents dans les gouvernements qui peuvent même prendre des décisions de faire sauter une bombe par un ressortissant arabe pour avoir une hostilité entre les gouvernements et ces pays, on pouvait faire construire des fraudes par un migrant pour réduire les autorisations d'entrée dans les pays, on pouvait infiltrer les ONG pour vendre les

médicaments qui apportent les maladies pour continuer à avoir les financements. Ces transactions doivent se faire par les agents qui fonctionnent dans les gouvernements, ces agents aussi profitaient de nos actions, ils obtenaient la part de nos transactions et obtenaient la part augmentée dans le budget pour leurs services.

Nous avons pu organisée les opérations d'approvisionner les groupes militaires, les usines internationaux nous fournissaient pour livrer ces armes aux groupes terroristes, les membres des gouvernements qui venaient assurer la lutte contre les terrorismes étaient aussi impliqués dans la vente d'armes aux groupes terroristes, les enlèvements se faisaient pour que les gouvernements donnent l'argent aux terroristes et assurer toujours le trafic, le risque de ces opérations était aussi multiples que la survie dépendait de sa réalisation.

Les gouvernements qui partaient pour assurer les missions de la paix, ils profitaient aussi à entretenir nos opérations car certains opérateurs économiques et plusieurs hommes politiques trouvaient aussi leurs parts dans ces opérations. Les usines des armes ne pouvaient pas vouloir que les hostilités cessent dans les pays, ces usines, industries d'armes cherchaient toujours à maintenir les horreurs loin de leurs familles, les guerres peuvent faire des victimes tant que ne sont pas de victimes de leurs familles, tant qu'ils ne sont touchées directement pour leurs pays, ces guerres peuvent continuer à être fait, mais ces guerres aujourd'hui font des victimes partout, les soldats qui sont déployés pour maintenir loin de leurs pays la guerre, les bombes qui explosent dans les centres villes, dans les hôpitaux, dans les écoles, ces bombes changent l'imagination de la guerre et l'engagement de la survie.

Le niveau de la pauvreté qui amène aujourd'hui chacun à prendre l'engagement de vendre la drogue, de vendre les bombes, de vendre les secrets de son gouvernement de son ami pour survivre, ces disparités qui sont les résultats de l'égoïsme, de la corruption, de l'exclusion donne naissance à un nouveau pacte de la vie, le monde de la survie, le monde de la mort de conscience, l'explosion de l'humanisme, la construction d'un monde de la survie, le monde la richesse, la construction de l'achat de conscience par les peaux de vins, le doublement de dépenses pour une fraude, les piratages pour faire nourrir les siens et détruire l'avenir commun, le particularisme, né de la loi de Pareto, la destruction d'un agent pour la survie d'un autre agent, l'égoïsme du capitalisme qui repose sur le particularisme à la mort de l'humanisme.

Dans cette pensée, chacun cherche à se prévaloir par tout le moyen, faire tout pour survivre, achat de conscience, forcée la main par les contraintes, laisser mourir un ami pour obtenir sa place, faire couler un programme pour mettre son sien sur le marché, faire modifier une admission pour que votre fils ait une place qu'il n'a pas mérité, ce qui augmente la frustration chez le non admis qui se laisse aussi prendre par les structures contre son gouvernement qui l'aurait abandonné, dans un monde construit par nos actes, nos actions , nos manières d'agir, nous devons nous regarder dans le miroir et nous dire s'il s'agit de l'héritage que nous devons bâtir pour nos enfants, il s'agit de l'image de nos efforts, certes nous pouvons nous dire nous avons été victime mais la dose de la moralité n'a pas été faite aux auteurs de nos frustrations, mais pas pour autant que nous devons nous laisser nous conduire par nos chagrins, nos horreurs, mais nous devons nous poser la question de savoir ce que nous faisons pour bouger les choses, nous assurer que nos héritiers ont une fondations pour le changement, nous devons nous dire que nous avons raté le cout, nous avons manqué à faire, mais nous devons assumer nos échecs, nous devons nous assurer de prendre conscience que seulement vingt-cinq pourcent de la population mondiale consomment soixante-quinze pourcent de la richesse mondial, ce que les uns appellent le Darwinisme, les autres appellent ça la suprématie, la capacité de savoir-faire, mais nous devons l'admettre, il s'agit de l'égoïsme, de la mort de l'esprit d'équipe et de la capacité d'assurer la promotion.

L'absence de l'électricité dans les quartiers de certains pays sous-développés n'a pas seulement pour conséquences de montrer le niveau de la différence de vie entre ces pays et les pays industrialisés, mais les conséquences graves sont les retombées climatiques qui sont aussi dommageables aux pays industrialisées, ce qui conduit à la théorie des pollueurs payeurs, mais si les efforts étaient fait avec une capacité d'électrifier les pays sous développer, alors le niveau de la pollution de l'industrie pouvaient s'absorber et nous garantir l'avenir, mais la destruction de l'esprit d'équipe, la mort de humanisme active simplement les stratégies de la survie, le particularisme, la théorie de la survie, la capacité de faire naitre.

La promotion de la paix repose sur la réduction des écarts, la réduction de la marginalisation des familles des militaires qui sont envoyer sur terrain, alors que les salaires qu'ils obtiennent ne couvrent pas même la survie de leurs familles, les agents qui travaillent pour vous ne couvrent pas le bout du mois avec leurs salaires, alors que vous disposez des avantages qui vous rendent plus riches, alors ces écarts traduisent l'égoïsme que vous construisez, vous nous prêchiez l'évangile, mais l'église dispose des maisons qu'il n'habite pas alors que les orphelins et veuves sont sans abri, alors l'égoïsme, la mort de la volonté de vouloir faire mien, la volonté de bouger et arriver à un changement.

La majorité de la population est considérée comme les marches pieds de la classe qui consomme la richesse mondiale, cette majorité doit travailler, elle doit suer, elle doit travailler dans la boue, elle doit faire preuves de sacrifices, mais celle qui consomme la richesse doit être dans une vie orgiaques, elle consomme la richesse de la population, par une philosophie organisée, par une volonté de vouloir dominer, ce qui traduit encore la loi de la survie, la promotion de l'égoïsme, de la mort de l'humanisme et de la communauté, la constitution de la capacité de la promotion de l'intérêt général, de la réduction de la disparité entre les populations et assurer l'harmonie générale.

Construire les inégalités entre les vivants sur la terre serait la construction des hostilités pour l'humanité, car chaque chercherait à vendre pour sa survie, cette loi de la survie fait naitre le terrorisme, le particularisme, l'égoïsme, pour faire naitre l'harmonie générale, il faut de concession pour toute l'humanité sur notre planète, le changement n'est peut venir que si chacun pouvait se regarder dans le miroir pour savoir sa part dans la loi du particularisme, dans la promotion de l'égoïsme, la construction de notre monde d'avenir, la construction d'un avenir met l'accent sur la concession, les sacrifices que chacun peut mettre en avant pour construire l'harmonie générale pour l'avenir de notre héritage, de construire l'effort de nous assumer et construire de nouvelles voies pour l'humanisme.

La construction de la sociétaire équilibré serait le chemin de l'assurance de la survie, l'ombre de la suprématie ne fera que construire la violence, la destruction de la communauté, la disparition de l'espoir de l'harmonie de la cohabitation parfaite, ce chemin dont certains ont cru imposé le rythme de jeu, la manière de vivre n'a pas marché, nous sommes tous victimes aujourd'hui de cette voie, la voie de la souffrance, la voie de la colonisation, la voie l'esclavage, la voie de la destruction, la voie de la mort, nous sommes inquiets par nos frères s'ils n'ont pas une bombes parce qu'ils sont exclus de la richesse mondiale, nous sommes inquiets par nos frères s'ils ne sont pas porteurs des maladies parce qu'ils n'ont pas eu les mêmes conditions de vie que nous, nous vivons l'incertitude par raison d'égoïsme, par l'adhésion à un système du particularisme, alors que la production de ce système demande l'adhésion des travailleurs aux idées d'employeurs, ce qui traduit la nécessité de la communauté et de l'adhésion à la promotion communale de l'avenir, de l'assurance et de la victoire sur la mort qui nous caractérise dans notre vie de chaque jour.

La construction d'un changement mérite l'effort de nous tous, nous faire une volonté de changer, de modifier notre existence, modifier notre avenir bâtir un agenda de la modification de nos actes ne doit pas seulement finir dans les intentions, mais plutôt faire avant tout l'anticipation des actions pour séduire les autres avec notre engagement, nos actions pour que nous soyons modèle et croire à faire partie de l'école de changements, investir nos efforts de la construction d'un monde meilleurs, certes, une tache aussi complexe et délicate, mais avec un effort commun nous pouvons faire une fondation et laisser les tracés pour les générations futures, si nous allons lire et applaudir les autres sans agir, nous allons être aussi responsables des actes qui sont commis par ceux dont nous applaudissons, car la mort de la conscience est plus pire que la mort de l'âme.

Nous devons nous vêtir des armes de nous assurer, nous devons admettre nos bilans et nous inscrire dans l'approche de vouloir construire de nouveau, de vouloir réorienter nos actions, nous regarder dans le miroir et nous trouver tous responsables de l'image de notre plante aujourd'hui et nous dire que tous nous avons participer à son état et nous avons tous responsabilité de reconstruire, repeindre et foire de toiles plus meilleurs qu'hier et croire à l'image d'assurance et d'harmonie pour l'avenir et faisant mourir la théorie du particularisme qui a construit le chat et le chien pour l'avenir de notre espérance et la sécurité de nous tous.

CONCLUSION

Certes, les exclusions, la souffrance, la destruction de l'espoir, le non rendement de nos efforts modifient nos comportements, transforment notre manière de faire, notre capacité d'agir jusqu'à la recherche de la voie de la mort pour survivre.

Nous avons ruiné notre existence parce que nous avons vu notre existence n'avait ni valeurs, ni considération, nous nous sommes vu les rejetés parce que seulement nous sommes dans la strate qu'il ne fallait pas consulter, nous avons été la composition de la classe qui n'a pas pris la voie de la mort, nous avons voulu construire notre valeur sur conscience sans tache, nous avons été sans avenir, nous avons été sans emplois parce que même les lobbyistes nous trouvaient opposer à leurs mode opératoire, nous avons pris l'écart mais avec le temps nous avons cru que la voie de la souffrance ne peut se soigner qu'avec la souffrance.

Dans un environnement du Darwinisme et de la loi de Pareto, certes, plusieurs vendent la valeur de leurs consciences et ruinent les efforts qu'ils ont construits par déception de l'égoïsme, de la destruction de la promotion de l'effort et l'instauration du système de parrainage.

Printed by Books on Demand GmbH, Norderstedt / Germany